Translated and adatpted by Yvonne Hitzl

Edited by Kathrin Schectman & Brigitte Kahn

Copyright © 2020 Theresa Marrama

Interior art and cover art by Nikola Kostovski

United States map from pixabay

Senegal map ©Vectorstock

All rights reserved.

No part of this publication may be reproduced, stored in a retrieval system, or transmitted, in any form or by any means (electronic, mechanical, photocopying, recording or otherwise), without the prior written permission from Theresa Marrama.

ISBN: 978-1-7350278-3-8

Be yourself; everyone else is already taken!
 – Oscar Wilde

ACKNOWLEDGMENTS

A big **Dankeschön** to the following people: Yvonne Hitzl for her amazing translation and adaptation of this story and to Kathrin Shechtman and Brigitte Kahn for taking the time to edit and proofread!

A special thanks to Sharon Marrama whose book *The Boy with the Pink Socks* inspired me to write this book! Her book can be found on Amazon.

Das ist die Geschichte eines Jungen.
Der Junge heißt Tito.

Tito ist ein sehr **selbstbewusster**[1] Junge. Er weiß, was er will. Er weiß, was er mag. Er mag seine Familie, Pizza und Fußball.

Tito ist kein **Österreicher**[2]. Er kommt nicht aus Österreich.

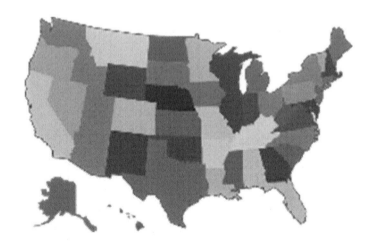

---
[1] **selbstbewusst** - self-confident
[2] **Österreicher** - Austrian

Er kommt aus dem Senegal, in Afrika.
Er ist Senegalese.

Afrika

Er lebt jetzt nicht mehr in Afrika. Er lebt jetzt mit seiner Familie in **Wien**[3]. Er lebt in Klosterneuburg. Das ist ein **Vorort**[4] von Wien.

---

[3] **Wien** - Vienna, capital of Austria
[4] **Vorort** - suburb, area outside of the city

Tito hat eine Mama. Sie heißt Amina. Sie ist intelligent und nett. Sie ist kreativ. Sie ist **Tanzlehrerin**[5].

---

[5] **Tanzlehrerin** - dance teacher

Tito hat einen Papa. Er heißt Edouard. Er ist groß, intelligent und nett. Er ist wichtig. Er ist Diplomat. Er ist ernst. Er arbeitet bei den **Vereinten Nationen**[6].

---

[6] **Vereinten Nationen** - United Nations (UN): The United Nations is an organization between now 193 countries to promote international cooperation.

"Mama, meine **Stutzen**[7] sind **zu**[8] groß!", ruft Tito.

Tito ist in seinem Zimmer. Er will seine Stutzen nicht tragen. Seine

---

[7] **Stutzen** - soccer socks
[8] **zu** - too

Fußballstutzen sind zu groß. Seine Fußballstutzen sind nicht **bequem**[9].

---

[9] **bequem** - comfortable

"Tito, **es tut mir leid**[10]. Die **Größen**[11] in Österreich sind nicht wie die Größen im Senegal. Ich **habe** die Stutzen **nicht** im Senegal **gekauft**.[12] Ich habe die Stutzen in Wien gekauft."

"Ach, Mama. Sie sind wirklich schrecklich!"

"Lass uns gehen! Wir werden zu spät zu deinem ersten Fußballspiel kommen", ruft seine Mama.

"Ja, Mama, aber diese Stutzen sind zu groß! Diese Stutzen sind nicht

---

[10] **Es tut mir leid** - I am sorry.
[11] **Größen** - sizes
[12] **habe nicht gekauft** - didn't buy

bequem! Ich mag diese Stutzen nicht!", antwortet Tito.

Tito geht mit seiner Mama zum Auto.

"Mama, warum fahren wir mit dem Auto zum Fußballspiel? Normalerweise gehen wir zu Fuß zum Spiel", sagt Tito.

Tito geht lieber zu Fuß zum Spiel. Im Senegal **ist** er immer zu Fuß **gegangen**[13]. Normalerweise geht er in Wien auch immer zu Fuß zum Fußballspiel, denn er lebt in der Nähe des Fußballplatzes. Die anderen Jungen fahren immer mit dem Auto zum Fußballplatz, aber Tito geht lieber zu Fuß.

"Ja, heute fahren wir mit dem Auto zum Spiel. Nach deinem Fußballspiel werden wir ins Sportgeschäft gehen.

---

[13] **ist ... gegangen** - walked, used to walk

Wir werden neue Stutzen kaufen", sagt seine Mama.

"Toll! Mama, werden wir auch etwas essen gehen?", fragt Tito.

"Natürlich! Möchtest du ein Sandwich oder eine Pizza essen?", antwortet seine Mama.

"Ich möchte gerne eine Pizza essen", sagt Tito.

In Wirklichkeit[14] möchte Tito **Poulet Yassa**[15] essen, ein senegalesisches Essen, das seine Mama für ihn kocht. Poulet Yassa ist

---

[14] **in Wirklichkeit** - in reality
[15] **Poulet Yassa** - a spicy dish prepared with onions and marinated poultry. Originally from Senegal, Poulet Yassa has become popular throughout West Africa.

sein Lieblingsessen. Poulet Yassa ist ein beliebtes Essen im Senegal.

Seine Mama schaut Tito im Auto an. Die Stutzen von Tito sind **wirklich**[16] zu groß.

---

[16] **wirklich** - really

Auf dem Fußballplatz ist Tito wie die anderen Jungen. Er trägt schwarz-weiße Stutzen, ein weißes T-Shirt und eine schwarze kurze Hose.

"Tito, geh mit deinem Team auf den Fußballplatz!", ruft sein Trainer.

"Ja, Trainer. Ich gehe. Aber meine Stutzen sind zu groß!", sagt Tito.

Tito geht auf den Fußballplatz. Er läuft mit den anderen Jungen. Tito läuft dem Ball nach. Er schaut seine Stutzen an. In diesem Moment fällt er. Er fällt wegen seiner Stutzen.

"Tito, schau den Ball an, nicht deine Stutzen", ruft sein Trainer.

Tito ist nicht glücklich. Er mag seine Stutzen nicht. Sie sind zu groß. Sie sind nicht bequem.

Nach dem Spiel geht Tito mit seiner Mama zurück zum Auto.

"Mama, ich habe Hunger! Können wir etwas essen?"

"Natürlich! Nach dem Spiel hast du immer Hunger. Und nach dem Essen werden wir ins Sportgeschäft gehen. Wir werden neue Stutzen kaufen", sagt seine Mama.

"Toll! Welche Pizza werden wir heute essen, Mama?", fragt Tito.

"Welche Pizza du möchtest!", antwortet seine Mama.

"**Ich weiß genau**[17], welche Pizza ich möchte, Mama! Ich will eine Pizza mit **Sardellen**[18] und Oliven!"

Seine Mama mag Käsepizza. Sein Papa mag Salamipizza. Aber nicht Tito!

---

[17] Ich weiß genau - I know exactly
[18] **Sardellen** - anchovies

Tito geht mit seiner Mama in die Pizzeria. Tito isst mit seiner Mama Pizza und erzählt von seinem Fußballspiel. Er erzählt von seinen Stutzen, die zu groß sind. Er erzählt auch, dass er wegen seiner Stutzen **gefallen ist**[19].

---

[19] **gefallen ist** - fell

Danach geht Tito mit seiner Mama ins Sportgeschäft. Im Sportgeschäft gibt es viele Stutzen.

Es gibt Stutzen in vielen Farben:

Es gibt rote Stutzen.

Es gibt blaue Stutzen.

Es gibt Stutzen **mit Punkten**[20].

Es gibt auch bunte Stutzen.

Aber Tito findet ein **bestimmtes Paar Stutzen**[21] toll. Er findet die rosa Stutzen toll.

---

[20] **mit Punkten** - polka-dotted
[21] **bestimmtes Paar Stutzen** - specific pair of socks

"Mama, ich finde die rosa Stutzen toll! Die rosa Stutzen sind cool! Findest du die rosa Stutzen auch toll? Mit den rosa Stutzen bin ich extra schnell."

Seine Mama hört ihn nicht. Sie schaut die anderen Stutzen an. Sie schaut die schwarz-weißen Stutzen an. Das sind die Stutzen, die die anderen Jungen im Team von Tito tragen.

"O.K., Tito. Wir werden die schwarz-weißen Stutzen kaufen. Du kannst die gleichen Stutzen tragen wie die anderen Jungen in deinem Team", sagt seine Mama.

Seine Mama kauft die schwarz-weißen Stutzen. Sie kauft die gleichen Stutzen wie sie die anderen Jungen in seinem Team haben.

"Aber Mama... ich finde die rosa Stutzen toll", sagt Tito.

"Tito, lass uns gehen! Die rosa Stutzen sind nicht die gleichen wie sie die anderen Jungen in deinem Team tragen", antwortet seine Mama.

Tito geht mit seiner Mama zum Auto zurück. Seine Mama schaut ihn an. Sie sieht, dass Tito nicht glücklich ist.

"Tito, **was ist los**[22]?", fragt seine Mama.

"Ich finde die rosa Stutzen toll! Ich möchte keine schwarz-weißen Stutzen tragen. Ich möchte andere Stutzen tragen! Ich weiß, was ich mag, und ich mag die rosa Stutzen. Alle Spieler im Team tragen schwarz-weiße Stutzen. Mit den rosa Stutzen bin ich aber extra schnell", sagt Tito.

"Natürlich, Tito. Du weißt, was du willst. Wir können die rosa Stutzen kaufen", sagt seine Mama.

---

[22] **Was ist los?** - What is going on?

"Toll, Mama! Danke! Du bist **die Beste**[23]!"

---

[23] **die Beste** - the best

Tito ist glücklich.

Tito und seine Mama gehen **noch einmal**[24] ins Sportgeschäft.

Tito geht zu den rosa Stutzen.

---

[24] **noch einmal** - again

"Mama, schau dir die rosa Stutzen an!"

"Ja, ich sehe sie. Aber Tito, diese Stutzen sind wirklich anders. Die anderen Jungen in deinem Team tragen alle die gleichen schwarz-weißen Stutzen", antwortet seine Mama.

"Ja, Mama. Aber ich finde die rosa Stutzen toll! Wenn ich diese rosa Stutzen trage, bin ich extra schnell!"

"O.K., Tito. Wenn du mit rosa Stutzen glücklich bist, bin ich auch glücklich", antwortet seine Mama.

Später ist Tito mit seinen Eltern in seinem Zimmer.

Er sagt:

"**Ich freue mich auf**[25] mein Fußballspiel morgen! Ich freue mich, meine rosa Fußballstutzen zu tragen!"

"Aber natürlich, Tito! Deine Mama freut sich, und ich freue mich auch auf dein Fußballspiel. Gute Nacht, Tito", sagt sein Papa.

Sein Papa freut sich wirklich auf das Fußballspiel. Er freut sich aber nicht, dass Tito rosa Stutzen trägt. Er versteht nicht, warum Tito rosa Stutzen tragen will. Die anderen Jungen in Titos Team tragen keine rosa Stutzen.

---

[25] **Ich freue mich auf** - I am looking forward to

"Gute Nacht, Mama und Papa",
antwortet Tito.

Am nächsten Tag ist Tito wieder in seinem Zimmer. **Er bereitet sich auf sein Fußballspiel vor**[26]. Er freut sich. Heute trägt er seine rosa Fußballstutzen.

"Mama, Papa, ich komme in einer Minute!"

---

[26] **Er bereitet sich auf ... vor** - He is getting ready for

Tito **läuft die Treppe hinunter**[27]. Er trägt seine neuen rosa Stutzen. Er hat seinen alten Fußball in der Hand.

"Mama, heute bin ich nicht zu spät. **Der Grund**[28] sind meine neuen Fußballstutzen!"

Tito freut sich. Er geht mit seiner Mama und seinem Papa zu Fuß zum Fußballplatz. Er will laufen. Er will wirklich laufen, denn mit seinen rosa Stutzen ist er extra schnell.

---

[27] **läuft die Treppe hinunter** - runs down the stairs
[28] **der Grund** - the reason

Auf dem Fußballplatz sind viele Eltern. Der Papa eines anderen Spielers sagt zu Titos Papa:

"Mein Sohn ist im gleichen Team wie dein Sohn. Welcher Junge ist dein Sohn?"

"Mein Sohn trägt die rosa Stutzen", sagt Titos Papa etwas **verlegen**[29].

"Ja, ich sehe deinen Sohn. Ich finde die rosa Stutzen toll. Mein Sohn trägt schwarz-weiße Stutzen. Alle Spieler **sehen gleich aus**[30], es ist schwer ihn zu sehen", sagt der andere Papa.

Aber Titos Papa mag die rosa Stutzen nicht. Er schaut das Fußballspiel an. Er schaut seinen Sohn an. Er mag die rosa Stutzen nicht, aber … es ist nicht schwer, seinen Sohn mit den rosa Stutzen zu sehen.

Tito läuft sehr schnell während des Fußballspiels. Mit seinen rosa

---

[29] **verlegen** - embarrassed
[30] **sehen gleich aus** - look the same

Stutzen ist er extra schnell. Sein Team gewinnt das Spiel.

Nach dem Fußballspiel sagt Titos Fußballtrainer:

"Gutes Spiel, Tito! Deine neuen Fußballstutzen **bringen dir Glück**[31]!"

"Danke, Trainer!"

---

[31] **bringen dir Glück** - bring you luck

Tito geht zu seiner Mama und zu seinem Papa.

"Mein Trainer findet meine rosa Stutzen toll! Er sagt, dass mir die rosa Stutzen Glück bringen."

"Ja, du läufst sehr schnell mit deinen rosa Stutzen!", antwortet seine Mama.

"Ja, das ist toll, Tito! Ich kann dich am Fußballplatz gut mit deinen rosa Stutzen sehen", sagt sein Papa.

Am nächsten Tag ist Tito in seinem Zimmer. Er hat seinen alten Fußball aus dem Senegal.

Er spielt gerne mit diesem Fußball. Dieser Fußball ist sein Lieblingsfußball. Er ist selbstbewusst, wenn er mit diesem Fußball spielt.

"Tito, lass uns gehen!", ruft seine Mama.

"Ich komme, Mama!", antwortet Tito.

Tito geht mit seiner Mama und seinem Papa wie immer zu Fuß zum Fußballplatz. Sein Papa schaut Tito an und sagt:

"Ich finde deine rosa Stutzen toll, Tito! Heute ist ein guter Tag für ein Spiel!"

"Danke, Papa. Wenn ich die rosa Stutzen trage, spiele ich sehr gut und bin extra schnell!", antwortet Tito.

"Ja, und **man kann dich auch gut** auf dem Fußballplatz **sehen**[32]!", antwortet sein Papa.

---

[32] **man kann dich auch gut ... sehen** - people can also see you well

Auf dem Fußballplatz bereiten sich alle Jungen auf das Fußballspiel vor.

"Schau, Tito! Schau dein Team an! Dein **Selbstbewusstsein**[33] ist **ansteckend**[34]!", sagt sein Papa.

"Ja, Papa. Es ist **unglaublich**[35]!", sagt Tito.

---

[33] **Selbstbewusstsein** - self-confidence
[34] **ansteckend** - contagious
[35] **unglaublich** - incredible

Jetzt tragen alle in deinem Fußballteam Stutzen in ihrer Lieblingsfarbe!", sagt sein Papa.

Tito schaut alle an. Er schaut sein Team an. Er schaut die Stutzen in den verschiedenen Farben an. Er ist glücklich. Jetzt trägt das ganze Team besondere Stutzen!

Tito ist sehr glücklich nach dem Spiel. Sein Team **hat gewonnen**[36]!

"Tito, gutes Spiel heute!", sagt sein Trainer.

Tito schaut seine rosa Stutzen an. Er ist sehr glücklich.

"Danke, Trainer!", antwortet Tito.

"Dein Selbstbewusstsein ist ansteckend. Deine Schnelligkeit hilft deinem Team sehr!", sagt sein Trainer.

"Die Stutzen bringen mir Glück! Das Team hat heute wieder gewonnen!", sagt Tito.

---

[36] **hat gewonnen** - won

Nach dem Spiel geht Tito zu seiner Mama und seinem Papa.

Sein Papa sagt:

"Tito, gutes Spiel! Ich finde deine rosa Stutzen toll. Es ist einfach, dich zu sehen, wenn du Fußball spielst!"

Titos Mama schaut Titos Papa an und sagt:

"Ja, seine Stutzen sind nicht wie die Stutzen der anderen Jungen. Und sein Selbstvertrauen ist ansteckend. Tito ist selbstbewusst und er weiß, was er mag, und er weiß, was er ist: Tito ist Tito!"

Tito schaut seine Eltern an und sagt:

"Lasst uns ins Sportgeschäft gehen und einen rosa Fußball kaufen!

Glossar

A

aber - but
Afrika - Africa
alle - everyone; all
alten - old
am nächsten Tag - on the next day
andere(n)(r) - other(s)
anders - different
ansteckend - contagious
antwortet - (s/he; it) answers
arbeitet bei - (s/he; it) works at
auch - as well; too
auf - on
aus - from; of
(das) Auto - car

B

beliebtes - popular

bequem - comfortable
besondere - unique
(die) Beste - best
bin - (I) am
bist - (you, sgl) are
blau(e) - blue
bunt - colorful

C

cool - cool

D

danach - afterwards
danke - thanks
das - the
dass - that
dein(e)(n) - your
deinem - to your
dem - to the
den - the
denn - because
der - the

die - the
diese(r) - this
diesem - to this
Diplomat - diplomat
dir - to you
du - you (sgl)

E

ein(e)(en)(er)(es) - a, an; one
einfach - easy
(die) Eltern - parents
ernst - serious
ersten - first
erzählt - (s/he; it) talks about
es - it
essen - to eat
(das) essen - (the) food
etwas - something

F

fahren - to go by car
fällt - (s/he; it) falls

(die) Familie - family
(die) Farben - colors
finde - (I) find
findest - (you, sgl) find
findet - (s/he; it) finds
fragt - (s/he; it) asks
freue mich auf - (I) look forward to
freut sich auf - (s/he; it) looks forward to
(der) Fußball - football
(der) Fußballplatz - soccer field
(das) Fußballspiel - soccer match

G

geh - go (command)
gehe - (I) go
gehen - to go
geht - (s/he; it) goes
gelb(e) - yellow
genau - exactly
(die) Geschichte - story
(es) gibt - there is/there are

gleich(en) - same
bringen dir Glück - are good luck for you
glücklich - happy
groß - big
(die) Größen - sizes
(der) Grund - reason
gut(er)(es) - good

H

habe - (I) have
haben - (we/they) have
hast - (you, sgl) have
hat - (s/he; it) has
heißt - (s/he; it) is called
heute - today
hilft - (s/he; it) helps
(die) kurze Hose - shorts
Hunger haben - to be hungry

I

ich - I

54

ihn; ihm - him
ihrer - their
im (in dem) - in the
immer - always
in - in; inside
ins (in das) - in the
intelligent - intelligent
isst - (s/he; it) eats
ist - (s/he; it) is

J

ja - yes
jetzt - now
(der) Junge - boy
(die) Jungen - boys

K

kann - (you) can
kannst - (you, sgl) can
(die) Käsepizza - pizza margherita
kaufe - (I) buy
kaufen - to buy

kauft - (s/he; it) buys
kein(e) - no
kocht - (s/he; it) cooks
komme - (I) come
kommen - to come
kommt - (s/he; it) comes
kreativ - creative

L

lass - let's (said to one person)
lasst - let's (said to more than one person)
laufen - to run
läuft (nach) - (s/he; it) runs (after)
lebt - (s/he; it) lives
(geht) lieber - (s/he; it) prefers walking
(mag) lieber - (s/he; it) prefers something
(das) Lieblingsessen - favorite food

(die) Lieblingsfarbe - favorite color
(der) Lieblingsfußball - favorite football

M

mag - (I; s/he; it) likes
(die) Mama - mom
nicht mehr - not anymore
mein(e) - my
mich - me
(die) Minute - minute
mir - to me
mit - with
morgen - tomorrow

N

nach - after
(die) Nacht - night
in der Nähe von - close to
natürlich - of course
nett - nice

neue(n) - new
nicht - not
normalerweise - usually

O

oder - or
Österreich - Austria
Österreicher - Austrian
O.K. - O.K.
(die) Oliven - olives

P

(der) Papa - dad
(die) Pizza - pizza
(die) Pizzeria - pizzeria
mit Punkten - polka-dotted

R

rosa - pink
rot(e) - red
ruft - (s/he; it) calls out

S

sagt - (s/he; it) says
(das) Sandwich - sandwich
(die) Salamipizza - pepperoni pizza
(die) Sardellen - anchovis
schau (an) - look (at) (command)
schaut an - (s/he; it) looks at
schnell - fast
(die) Schnelligkeit - speed
schrecklich - terrible
schwarz(e) - black
schwer - difficult
sehe - (I) see
sehen - to see
sehr - very
sein - to be
seine(n)(r) - his
seinem - to his
selbstbewusst(er) - self-confident
(das) Selbstbewusstsein - self-confidence
(der) Senegal - Senegal

Senegalese - a person from Senegal
senegalesisches - senegalese
sie - she/they
sieht - (s/he; it) sees
sind - (we; they; you) are
(der) Sohn - son
spät - late
später - later
(das) Spiel - match
(die) Spieler - player
spielt - (s/he; it) plays
(das) Sportgeschäft - sports' shop
(die) Stutzen - (football) socks

T

(der) Tag - day
(die) Tanzlehrerin - dance teacher
(das) Team - team
toll - great
trage - (I) wear
tragen - to wear; (they) wear

(der) Trainer - coach

U

und - and
unglaublich - incredible
uns - us
(die) USA - the U.S.A.

V

verschiedenen - different
versteht - (s/he; it) understands
viel(e)(n) - a lot
von - of

W

während - during
warum - why
was - what
wegen - because of
weiß - (I) know
weißt - (you) know
weiß(e) - white

welche(r) - which
wenn - when; if
werden - will
wichtig - important
wie die anderen - like the others
wie immer - like always
wieder - again
will - (I; s/he; it) wants
willst - (you) want
wir - we
wirklich - really
In Wirklichkeit - actually

Z

(das) Zimmer - room
zu - to
zum - to
zur - to

ABOUT THE AUTHOR

Theresa Marrama is a French teacher in Northern New York. She has been teaching French to middle and high school students since 2007. She is the author of many language learner novels and has also translated a variety of Spanish comprehensible readers into French. She enjoys teaching with Comprehensible Input and writing comprehensible stories for language learners.

Theresa Marrama's books include:

Une Obsession dangereuse, which can be purchased at www.fluencymatters.com

Her German books on Amazon include:

Leona und Anna
Geräusche im Wald
Der Brief
Nachts im Wald

Her French books on Amazon include:

Une disparition mystérieuse
L'île au trésor:
Première partie: La malédiction de l'île Oak
L'île au trésor:
Deuxième partie: La découverte d'un secret
La lettre
Léo et Anton
La maison du 13 rue Verdon
Mystère au Louvre
Perdue dans les catacombes
Les chaussettes de Tito

Her Spanish books on Amazon include:

La ofrenda de Sofía
Una desaparición misteriosa
Luis y Antonio
La carta
La casa en la calle Verdón
La isla del tesoro: Primera parte: La maldición de la isla Oak
La isla del tesoro: Segunda parte: El descubrimiento de un secreto
Los calcetines de Naby

Check out Theresa's website for more resources and materials to accompany her books:

www.compelllinglanguagecorner.com

Made in the USA
Columbia, SC
08 March 2022